Todos los libros de Linkgua Ediciones cuentan con modelos de Inteligencia Artificial entrenados por hispanistas. Pregúntale al chat de tu libro lo que desees acerca de la obra o su autor/a.

Para ebooks: Accede a nuestro modelo de IA a través de un enlace.

Para libros impresos: Escanea el código QR de la portada con tu dispositivo móvil.

Obtén análisis detallados de nuestros libros, resúmenes, respuestas a tus preguntas y accede a nuestras ediciones críticas generativas para una experiencia de lectura más enriquecedora.
La transparencia y el respeto hacia la autoría de las fuentes utilizadas son distintivos básicos de nuestro proyecto. Por ello, las respuestas ofrecen, mediante un sistema de citas, las fuentes con las que han sido elaboradas.

Pedro Calderón de la Barca

Andrómeda y Perseo

Barcelona 2025
Linkgua-ediciones.com

Créditos

Título original: Andrómeda y Perseo.

e-mail: info@linkgua.com

Diseño de cubierta: Michel Mallard.

ISBN tapa dura: 978-84-9897-437-9.
ISBN CM: 978-84-9816-831-0.
ISBN ebook: 978-84-9897-116-3.

Sumario

Brevísima presentación

La vida

Pedro Calderón de la Barca (Madrid, 1600-Madrid, 1681). España.

Su padre era noble y escribano en el consejo de hacienda del rey. Se educó en el colegio imperial de los jesuitas y más tarde entró en las universidades de Alcalá y Salamanca, aunque no se sabe si llegó a graduarse.

Tuvo una juventud turbulenta. Incluso se le acusa de la muerte de algunos de sus enemigos. En 1621 se negó a ser sacerdote, y poco después, en 1623, empezó a escribir y estrenar obras de teatro. Escribió más de ciento veinte, otra docena larga en colaboración y alrededor de setenta autos sacramentales. Sus primeros estrenos fueron en corrales. Lope de Vega elogió sus obras, pero en 1629 dejaron de ser amigos tras un extraño incidente: un hermano de Calderón fue agredido y, éste al perseguir al atacante, entró en un convento donde vivía como monja la hija de Lope. Nadie sabe qué pasó. Entre 1635 y 1637, Calderón de la Barca fue nombrado caballero de la Orden de Santiago. Por entonces publicó veinticuatro comedias en dos volúmenes y La vida es sueño (1636), su obra más célebre.

En la década siguiente vivió en Cataluña y, entre 1640 y 1642, combatió con las tropas castellanas. Sin embargo, su salud se quebrantó y abandonó la vida militar. Entre 1647 y 1649 la muerte de la reina y después la del príncipe heredero provocaron el cierre de los teatros, por lo que Calderón tuvo que limitarse a escribir autos sacramentales. Calderón murió mientras trabajaba en una comedia dedicada a la reina

María Luisa, mujer de Carlos II el Hechizado. Su hermano José, hombre pendenciero, fue uno de sus editores más fieles.

Los autos sacramentales

Los autos sacramentales son obras religiosas de carácter alegórico representadas sobre todo en España y Portugal durante el Corpus Christi. Este género ocupa un papel muy interesante en la tradición teatral de Occidente, pues coexistió, antes de desaparecer, con una incipiente y cada vez más popular narrativa escénica interesada en los individuos, y en los sucesos mundanos.

Acto único

Salen en tropa, cantando y bailando, la gracia [y el agua] con un espejo; la ciencia [y el aire] con un airón de plumas; la ignociencia [y el fuego] con un manto imperial; y la voluntad [y la tierra] con un azafate de frutas y flores; y, detrás, andrómeda, como vistiéndose, y el albedrío.

Música
Los años floridos
de Andrómeda hermosa,
beldad destos montes,
deidad destas selvas,
ufano los cuente
el mayo con flores,
feliz los señale
el Sol con estrellas.

Andrómeda
¡El espejo!

(Mírase en él, tomándole la Gracia del elemento del Agua.)

Peregrina
es en todo mi belleza.
¿Qué, Humana Naturaleza,
te falta para divina?
Los cielos no hicieron, no,
cosa, en todos sus modelos,
más hermosa. Ni aun los cielos
son tan bellos como yo;
pues sus orbes de cristal
obra inanimada han sido

y yo, con alma y sentido,
soy fábrica racional.
El Centro, mi padre fue,
de la Tierra; ella es mi madre;
y, aunque por madre y por padre,
humilde nací, no sé
que aje, por más que revuelva
el Sol su edad presurosa.

Ella y música

Los años floridos
de Andrómeda hermosa,
deidad de este monte,
beldad de esta selva.

Albedrío

Infanta, idos poco a poco;
que, si altiva a veros llego,
vos tendréis la culpa, y luego
dirán que yo soy el loco;
pues, siendo vuestro Albedrío,
según dicen por ahí,
vos usaréis mal de mí
y vendrá el daño a ser mío.

Gracia

Bien en mi puro cristal,
por ser obsequio que haces
a tu Hacedor, te complaces;
pues siendo la original
Gracia yo, en que te has criado,
cuando en mí viéndote estás,
ningún defecto hallarás.

Albedrío

Sí; mas temed que, manchado,

llegue a eclipsarse su pura
Luna y, algún día, veáis
un cadáver cuando vais
a mirar una hermosura.
Temed del tiempo las huellas,
para que vuestros verdores...

Él y Música ...ufano los cuente
el mayo con flores;
feliz los señale
el Sol con estrellas.

Andrómeda ¡El manto!

(Tómale la Ignocencia del elemento del Fuego.)

Ignociencia Ya su imprudencia
no anunciará tu desgracia,
viendo que al don de la Gracia
se sigue el de la Ignociencia.
Real púrpura, su color,
en jeroglífico, dice
que eres la reina felice
del universo.

(Llega [la Voluntad] con las flores del elemento de la Tierra.)

Voluntad Mejor
lo dirá la voluntad
con que yo, en flores y en frutos,
reconozco los tributos

que debo a la majestad.

(Llega [la Ciencia] con las plumas del elemento del Aire.)

Andrómeda ¡Las plumas! ¿Tú las traes?

Ciencia Sí.
La Natural Ciencia soy
y, así, las plumas te doy,
para volar desde aquí,
con las alas de mis plumas,
a la superior esfera.

Albedrío Volad, pero de manera
que no deis en las espumas.

Andrómeda En cuatro dotes noté,
si consulto mis alientos,
que están los cuatro elementos
simbolizados. Si fue
el del Agua el cristalino
espejo en que me copió
hoy la Gracia, ya se vio;
y ya se vio, si previno
la Ignociencia la imperial
púrpura, color de Fuego,
que ella es su elemento; luego,
si la Ciencia Natural
plumas me da con que vuele
mi fama, que el Aire es;
y si la Tierra, después,
no hay fruta y flor que no anhele

la Voluntad cultivar
para que me sirva hoy,
¿quién puede dudar que soy
el más perfecto ejemplar
que vio el Sol, pues a ver llego
que la Gracia, la Ignociencia,
la Voluntad y la Ciencia
en Agua, Aire, Tierra y Fuego
me asisten, dando al ser mío
cristales, pompas, honores,
ciencias y frutos y flores
a vista de mi Albedrío?

Agua — A tu obediencia, señora,
dones que engendran virtudes
harán que solicitudes
nuestras digan desde ahora
que ellas son, en cuyo celo
Dios sus tesoros encierra,
y por quien son, en la tierra,
los frutos dones del cielo.

Albedrío — Sí, mas duráraos poco,
si las llegáis a enojar.

Andrómeda — Basta; volved a cantar,
que está muy cuerdo este loco.

Música — Los años floridos
[de Andrómeda hermosa,
beldad de estos montes,
deidad de estas selvas,

ufano los cuente
el mayo con flores,
feliz los señale
el Sol con estrellas].

(Dos cruzados.)

Andrómeda ¿Cúya aquesa letra es?

Ciencia Letra y tono es mío.

Andrómeda No dudo
que uno y otro solo pudo
ser desvelo tuyo; pues
siendo, en el felice estado
de tanto aplauso inmortal,
tú la Ciencia Natural,
de que el cielo me ha ilustrado,
solo tuya ser podía
letra y voz que tanto eleva,
porque a la Ciencia se deba
la música y la poesía.
Y, aunque es verdad que jamás
nada tanto me ha agradado,
solamente he reparado
en el nombre que me das.
¿Por qué Andrómeda; y por qué,
ya que la licencia usaste
poética, y le disfrazaste,
en el de Andrómeda fue?

Ciencia La Natural Ciencia soy,

de que, como has dicho aquí,
el cielo te ilustró.

Andrómeda
Sí.

Ciencia
Como envestigando voy
altas cosas cada día,
entre imágenes no vanas,
letras divinas y humanas
revolví en la fantasía.
En las humanas hallé,
por la docta astrología,
que una Andrómeda sería
de la Tierra hija; con que,
a las divinas pasando,
aunque ser fábula vi,
por si contuviese en sí
alguna alusión, dudando
dónde o cómo se eslabona,
anteví en San Isidoro
que el bello esplendor del oro,
que en tus rizos se corona,
andrómadas, en el griego
idioma, quiere decir.
Y, volviendo a proseguir,
Enrico Estephano luego
dice, andrómada, en el sacro
frase, es la florida edad;
y androdeas, la deidad,
la estatua y el simulacro.
Yo —viendo que señas tantas
tu rara hermosura encierra,

pues, siendo hija de la Tierra,
tu perfección adelantas,
de que una y otra virtud
expliquen en ti el poder
de su Autor al florecer
la edad de tu juventud,
y que ser tu ser alcanza
simulacro soberano,
que hizo de tierra su mano
labrado a su semejanza—
de todos estos sentidos
que en sí el griego frase trae,
androdeas, androae
y andromacas reducidos,
un nombre proprio saqué,
viendo convenir en ti
todas sus señas, y así
Andrómeda te llamé.

Albedrío

Yo creí ser droga, pues
récipe esperé, por Dios,
de andrómaca, dragmas dos
y androdeas uncías tres.

Andrómeda

La etimología he notado
y, por lograrte el concepto
en lo alegórico, acepto
ese nombre que me has dado;
y por que la sutileza
esté atenta a este auto, viendo
que soy Andrómeda siendo
la Humana Naturaleza,

ninguna me llame ya
de otra suerte; y pues el prado,
de matices esmaltado,
su hermoso albergue nos da
—siendo, a honra de su pincel,
cada emparrado una sombra,
cada matiz una alfombra,
y cada copa un dosel,
donde en tonos diferentes
diviertan nuestras congojas
los compases de las hojas,
las cláusulas de las fuentes,
cuyos concentos suaves,
por toda la azul campaña,
sonoramente acompaña
la música de las aves—,
venid conmigo cantando
por esa orilla del mar,
que pretendo desvelar
mis altiveces notando
esa playa, que con suma
soberbia al cielo retrata
y apenas monte es de plata
cuando aún no es selva de espuma.

Gracia Razón tiene tu atención
de mirar su maravilla.

Albedrío Sí; y en ser desde la orilla
tiene mucha más razón.

Voluntad ¿Por qué?

Albedrío Por aquel vulgar
refrán de hablar de la caza
y comprarla en la plaza;
hablar de la guerra
y ni oílla ni vella;
hablar de las Indias
y ni vellas ni oíllas;
y hablar de la mar
y en ella no entrar.

Andrómeda Dejadle; y la letra vuelva
que fue de mi nombre glosa.

Ella y música Los años floridos
[de Andrómeda hermosa,
beldad de este monte,
deidad de esta selva].

(Terremoto y dice el Demonio.)

Demonio (Dentro.) Ni ufano los cuente
el mayo con flores,
ni el Sol los señale
feliz con estrellas.

Andrómeda ¡Esperad! ¿Qué confusión
tan nueva y tan singular
se escucha dentro del mar?

Gracia Prodigios no vistos son

los que en sus senos encierra.

Ciencia

Es verdad, pues en sus senos,
con relámpagos y truenos,
amenaza cielo y tierra.

(Terremoto.)

Voluntad

Colérico, altivo y ciego,
rayos a forjar se atreve.

Ignociencia

¿Quién vio volcanes de nieve
inundar campos de fuego?

Gracia

No hay orbe a quien no se atreva
su verdinegro arrebol.

Ciencia

A ser cíclope del Sol
sobre sí mismo se eleva.

(Terremoto.)

Andrómeda

Ya, en partidos horizontes,
apagar sus luces fragua,
poniendo montes de agua
sobre piélagos de montes.

Albedrío

Aun no es eso lo peor,
sino que, arrojando llamas,
de ovas, de conchas y escamas,
un monstruo aborta.

Todos ¡Qué horror!

Andrómeda Cortando la espuma helada,
por salir a tierra anhela.

Todos Ya no nada, sino vuela.

Albedrío ¿Vuela?

Todas Sí.

Albedrío ¿Y eso es nonada?
Es muchísimo.

Ignociencia ¡Qué espanto!

Ciencia ¡Qué temor!

Voluntad ¡Qué admiración!

Gracia ¡Qué asombro!

Andrómeda ¡Qué confusión!
¿Dónde podré, cielo santo,
guarecerme si, tal vez
que empaña el Sol con su aliento,
dejando de ser del viento
pájaro, del agua pez,
fiera de las fieras, viene
amenazando la tierra?

Gracia Contra su sañuda guerra,

huir, Andrómeda, conviene;
que solo se vence, huyendo,
enemigo tan crüel.

Andrómeda ¿Cómo es posible huir de él,
absorta y ciega?

Las tres Siguiendo
nuestros pasos.

Gracia Ven, que como
no nos pierdan tus extremos
de vista, salvar podremos
alma y vida.

Andrómeda Al oíros, tomo
nuevo aliento; mas, ¡ay triste!,
que con la senda no encuentro.
¿Dónde voy a dar?

(Tropieza y va a dar en brazos del Centro de la Tierra.)

Centro Al centro
de la Tierra en que naciste;
que, como en él consideres
—asistida de Ignociencia,
Gracia, Voluntad y Ciencia—
lo que fuiste, lo que eres
y lo que serás, confío
venzas ese monstruo fiero;
y más cuando considero

que vienes con tu Albedrío.

Andrómeda ¡Ay, que es loco!

Todos Sé tú cuerda.
Ven; no temas.

(Llévanla entre todos.)

Demonio (Dentro.) ¿Cómo no
ha de temer, si voy yo
para que todo lo pierda?

(Sale al tablado.) El profeta Isaías,
viendo apagar en las tinieblas frías
de mi esplendor la llama,
lucero de sus piélagos me llama;
el águila divina,
que del Sol a los rayos se examina,
dragón de las espumas;
y en otras mil definiciones sumas,
viendo a tormentas mi ira reducida,
bestia del mar Basilio me apellida.
Con estas opiniones,
y con que siempre son tribulaciones
las aguas en la pura,
misteriosa lección de la Escritura,
¿quién dudará que puedo
—torpe embrión de esa marina foca
que, víbora, me aborta por la boca—
salir a dar —ya que informado quedo

de otro disfraz—, en este horror y miedo,
al universo Centro de la Tierra,
robándole la joya, a quien encierra,
temeroso de mí, verde alquería,
con quien es noche el rosicler del día?
Alta empresa me mueve,
tanto que, para que con ella salga,
es fuerza que me valga
de aquélla que sin ser a ser se atreve.
Conficionado horror de fuego y nieve,
añadido veneno a mi veneno,
¡oh tú, que el pavoroso oscuro seno
de esa bruta coluna
del venenoso monte de la Luna
habitas, ponzoñosa y escondida,
mágico parasismo de la vida,
madre horrible del sueño,
alimentada furia del beleño,
susto de los mortales,
línea a los bienes, término a los males,
mesonera del llanto,
huéspeda de los reinos del espanto,
reloj de los momentos,
precisa acotación de los alientos,
separación penosa
de la más dulce unión. ¡Oh tú, horrorosa
imagen de la culpa y de la muerte,
que en piedra o bruto al racional convierte,
a pesar pareciendo, de lo bello,

un áspid cada crin de tu cabello;
cada semblante, un ceño de tu ira;
y, en fin, oh tú, que darte no se escusa
el equívoco nombre de que hoy usa
retórico el concepto de la fama,
pues siendo culpa y muerte...!

(Sale Medusa.)

Medusa ¿Quién me llama?
Mas no lo digas, que ya veo quién eres.

Demonio ¿En qué?

Medusa En que al ir a pronunciar
Medusa,
te respondo, me ves y no te mueres.
¿Qué es, pues, lo que me quieres,
que en derrotado traje de tormenta
me buscas?

Demonio Solo que me estés atenta:
De rebeldes espíritus caudillo...

Medusa La Apocalipsis sé, no hay que decillo.

Demonio ...al mismo Dios le presenté batalla.

Medusa Ezequiel lo dirá; no hay que contalla.

Demonio — Diome el ver un bosquejo, una belleza,...

Medusa — Ya sé que fue la gran Naturaleza.

Demonio — ...ocasión al despecho, que hasta hoy lloro.

Medusa — Lo rencorioso de tu amor no ignoro.

Demonio — Y lleno de temores y recelos...

Medusa — También sé lo rabioso de tus celos.

Demonio — ...sentí al instante el fuego que en mí lidia.

Medusa — Ya conozco el veneno de tu envidia.

Demonio — Y en fin, perdí la acción en lid tan dura...

Medusa — El bien, la luz, la gracia y la hermosura.

Demonio — ...quedando de mi patria desterrado...

Medusa — ...a perpetuas tinieblas condenado.
Hasta aquí sé de tus desdichas graves.

Demonio — Pues oye desde aquí lo que no sabes.
Ese bellísimo encanto,

ese bellísimo asombro
de la hermosura —a quien yo,
por no adorarla, la adoro,
usando en mí de los dos
afectos más poderosos,
más encontrados y opuestos,
pues son el amor y el odio—,
tan postrado, tan rendido,
tan sujeto, tan penoso
me tiene que, hasta que pueda
llamarla mía, dispongo
no perdonar al deseo
medio ninguno de todos
cuantos discurre un amante
y cuantos piensa un celoso.
Andrómeda la ha llamado
la voz de no sé qué tono
que hoy, en la tranquilidad
de su paz, compuso el ocio.
Con esta causa, porque,
viéndome marino monstruo,
su disfraz y mi disfraz
convengan el uno al otro,
embrión de las espumas
y de las ondas aborto,
salí a aqueste sitio, envuelto
en ovas, fuego, humo y polvo,
donde, siguiendo la línea
que tan a dos luces corro,
por empresa he de llevar
en el escudo del rostro
esculpido «Finis-Ero»,

pues de sus dichas y gozos
he de ser fin; cuya letra
nombre me ha de dar famoso
de Fineo, pues Fineo
o «Finis-Ero» es lo proprio.
Ésta, pues, deidad humana,
hija de amasado lodo
en el Centro de la Tierra
—padre suyo— en un hermoso
jardín asistida vive
del siempre sagrado coro
de Ninfas Virtudes, que,
jurada reina de todo,
hacen que los elementos
la tributen, por despojos,
el Agua, claros cristales;
el Fuego, reflejos rojos;
la Tierra, sabrosos frutos;
y el Aire, blandos favonios.
Y, aún no contenta con esto,
sobre estado tan dichoso
de gracia y naturaleza,
aspira a ocupar el solio
que perdí. No sé, no sé,
cuando estas razones formo,
para qué salí del agua,
si con el aire me ahogo.
Mas sí sé; pues fue a valerme
de ti; que, si al numeroso
ejército de mis ansias
le entra el auxiliar socorro
de tus encantos, no dudo

que he de salir victorioso.
Compónme un hechizo; pues,
si como a culpa te invoco,
de ser la culpa hechicera
David me dará el apoyo,
diciendo que por la culpa
es bruto el hombre; si, como
muerte, mágica te llamo,
Samuel hablará en mi abono,
dándole voz al cadáver;
y si, en retóricos tropos
de alegórico concepto,
como a Medusa te nombro
es por convenir en ti
alusiones de uno y otro,
pues, muerte o culpa, hacer sabes
bruto al hombre, piedra o tronco.
Y así, compónme un hechizo,
otra vez a decir torno,
en su tósigo tan fuerte
o en su conjuro tan prompto,
que a mi amor la incline o que
quede incapaz para otro.
Tenga logro el rencor, ya
que no tenga el amor logro;
que si tú de aqueste monte
sales, y yo de este escollo,
tú a atraerla con tu hechizo,
y yo a llevarla en mi robo,
no dudes que el Centro quede
de la Tierra tan dudoso,
que caduque, titubeando,

al desquiciar de sus polos,
si se cai o no se cai,
todo ese pendiente globo
que borra la Luna a giros
y el Sol ilumina a tornos.

Medusa

No sé de qué especie o qué
género son tus ahogos,
que los oigo como ajenos
y los siento como proprios.
Júpiter, dios de los dioses,
si a la metáfora torno
—pues ya de otros empezada
fuerza es seguirla nosotros—;
Júpiter, dios de los dioses,
desde su supremo trono,
anteviendo que yo había,
si me introducía en los cotos
de sus vedados jardines,
de ser en ellos destrozo
de sus frutas, siendo en ellos
el ábrego, el cierzo, el noto
que los encendiese a rayos
o los apagase a soplos,
allá en su divina idea,
por que de mí huyesen todos
—al ver mi semblante, ciegos;
al oír mis voces, sordos—,
previno desfigurar
las facciones de mi rostro
tanto que nadie me viese
que no figurase absorto

el ser áspides la crencha
que cai de la frente al hombro,
con tal horror de mí misma,
que, por no verme, no oso
—con miedos de basilisco,
que al verse se mata él proprio—
en un arroyo aun a verme,
sin enturbiar el arroyo.
Conque, huyendo de mí, habito,
sin más ser, este horroroso
monte, entre el mar y la tierra,
medio risco y medio escollo,
hasta tener ocasión
en que vengar mis oprobios.
Y así, valiente Fineo
—que ya como a tal te nombro—,
puesto que a buscarme vienes
y que, a tu sombra, el arrojo
de manifestarme al mundo,
cómplice de tus enojos,
en tu valor me asegura,
a seguirte me dispongo,
que también me importa a mí
ir a ser; y más si noto
que aquesa Naturaleza,
que hoy goza tantos adornos,
es quien ha de introducir
la culpa por el demonio,
y por la culpa la muerte;
y así, atropellando estorbos,
lleguemos a su jardín,
asaltemos su frondoso

sitio y de nuestra secreta
mina, sus baluartes rotos,
desmantelados sus muros,
desembocados sus fosos,
entremos a sangre y fuego;
que si una vez en él pongo
la planta y de mi tocado
desprendo un cabello solo,
él derramará el veneno
que dentro del pecho escondo
en las causas naturales,
que mejor que ella conozco.
Ven, que si a ella el nombre dio
de Andrómeda un blando tono,
por ser juventud florida,
simulacro o mauseolo,
por agricultura, a mí,
menos blando y más ruidoso,
otro me dio el de Medusa,
que significa lo proprio.

Demonio

Pues ya que, de nuestra sorda
pólvora, el callado plomo
brecha nos ha abierto al bello
recinto de sus contornos,
¿qué esperas? Ese cristal
enturbie tu venenoso
tósigo, pues es ponerte
tú misma a ti misma en cobro.

Medusa

Dices bien; en esta fuente
el primer hechizo pongo;

mas, ¡ay de mí!

Demonio ¿Tiemblas?

Medusa Sí.

Demonio ¿De qué?

Medusa De que reconozco
que antes ha de ser el Agua
el antídoto piadoso
que, de la Gracia auxiliado,
lave la mancha del lodo
con que enturbiarla pretendo;
y más cuando en ella formo
un espejo no manchado
en que me quiebre los ojos.

Demonio Pues ponle en aquestas flores.

Medusa Sí haré; mas, ¡ay!, que tampoco
en ellas puedo.

Demonio ¿Por qué?

Medusa Porque el cándido pimpollo
de una azucena, que aún no
el virgen botón ha roto
—símbolo de la ignociencia
en lo puro y en lo hermoso—,
en granos de oro contiene
un escondido tesoro;

que no hay ponzoña que pueda
inficionar granos de oro.

Demonio
Pues inficiona a estas vides.

Medusa
El mismo daño conozco.

Demonio
Tala estas mieses.

Medusa
No puedo.

Demonio
¿Cómo de ellas huyes?

Medusa
Como
la Ciencia, que está de guarda,
me amenaza, si las toco,
no sé en qué forma, a quien yo,
aun vista en sombras, me postro.

Demonio
Pues ya que en vides, en mieses,
en flores y en fuentes topo
defendidos los objectos
que en singular te propongo,
apesta el aire, que es
común aliento de todo:
perezca todo.

Medusa
Sí haré,
ya al aire el veneno arrojo;
mas no, que a un ave, que llena
de gracia sulca sus golfos,
tan alta la Voluntad

la lleva, que de los rojos
rayos del Sol coronada,
me ha deslumbrado.

Demonio
¿De modo
que, en agua, tierra, aire y fuego,
si tus temores recorro,
cristal, flor, ambiente y luz,
diciendo está lo imperioso
de ignociencia, gracia, y ciencia
y voluntad...

Medusa
¿Qué?

Demonio
...que todos
los frutos que al hombre da
el cielo tienen su logro
en que las Virtudes sean
quien solicite[n] sus colmos?

Medusa
¿Eso dudas?

Demonio
No lo dudo,
que a mi pesar lo conozco,
pues no nos queda resquicio
por donde entremos nosotros.

Medusa
Sí queda.

Demonio
¿Cuál?

Medusa
Este árbol,

en cuyo vedado tronco,
supuesto que no es ni ave,
ni flor, ni aliento, ni arroyo,
atrevidamente osada
mi mortal hechizo pongo.

Demonio
Y yo el Árbol de la Muerte
desde este instante le nombro.

Medusa
¿Qué haremos para atraer
por aqueste sitio umbroso
a Andrómeda?

Demonio
Su Albedrío,
poco de mí temeroso,
hacia aquí viene; y si yo
entre mis brazos le cojo,
ella se vendrá tras él;
y podrá ser que su hermoso
fruto...

Medusa
Ya llega a ocultarte
tú, mientras yo en él me escondo,
a engañarla con la voz,
sin ver su muerte en mi rostro,
hasta que pierda la Gracia.

(Sale el Albedrío.)

Albedrío
Nunca yo fuera curioso,
pues no me atreviera —antes
de saber si el señor monstruo

se habrá vuelto a la marina
calesa en que cabe él solo—
a volver aquí, traído
del apetecido antojo
de las manzanas de un árbol,
que por aquí…

Demonio
¡Date, loco,
a prisión!

Albedrío
¿Cómo he de darme,
si soy libre? ¿No es un tonto
quien tal piensa?

Demonio
¡No des voces!

Albedrío
A darlas mil veces torno.
¡Cielos! ¿No hay quien me socorra?

Perseo (Dentro.)
Sí, que por ellas respondo
yo, pues para solo dar
al afligido socorro,
en alada exhalación
la esfera del aire rompo.

(Sale ahora.)
¡Suelta la presa, tirano!

Demonio
¿Quién eres, que tan brioso
osas competir conmigo?

Perseo
Soy quien soy.

Demonio
No te conozco;
quita la banda, que es
tupida nube, del rostro.
Sepa con quién lidio.

Perseo
No ha
llegado el tiempo forzoso
en que has de saberlo. Baste
que ahora sepas que es mi heroico
valor el que está diciendo,
librándoles de ti a todos,
que sobre el albedrío no
tiene dominio el demonio.

Demonio
Ni en el acero que esgrimes,
que es rayo tan poderoso
que dando horror al horror,
que dando asombro al asombro,
ha de obligarme a que, huyendo
sus abrasados enojos
segunda vez, en aquel
escamado Bucentoro,
de cuyo buque la ira
me hizo náutico piloto,
perturbe en bandido rumbo,
infeste en pirata corso,
los mares con mis tormentas,
los montes con mis abordos,
hasta inundar todo el orbe
en venganza de este oprobio;
si ya no es que antes le vengue
algún áspid ponzoñoso

de los muchos que enroscados
quedan al pie de esos troncos.

(Vase.)

Perseo

Ahora y entonces tú y él
seréis mi triunfal despojo.

Albedrío

Sepa usted, seor rebozado,
que yo soy un loquitonto,
que es peor que loco a secas,
y que, aunque el favor conozco,
no sé agradecer, y así
quiero le agradezcan otros.
¡Bella Andrómeda, Virtudes
y Elementos! ¡Venid todos,
venid; veréis a quién debo
la libertad, y vosotros
la libertad y la vida!

(Salen todos.)

Virtudes

Albedrío, ¿qué alboroto
es éste?

Elementos

¿De qué das voces?

Andrómeda

¿Cómo aquí, sin temor, solo
te quedaste?

Albedrío

No quedé,
que después vine curioso,

motivado de una fruta
de quien aún dura el antojo.
Con el señor monstruo di,
y con el señor no monstruo;
y, librándome, le hizo
volverse al mar, temeroso.

Andrómeda

El favor que a mi Albedrío
habéis dado, reconozco;
y así, para agradecerle
sabiendo a quién, el embozo
os suplico que corráis.

Perseo

Perdonad, prodigio hermoso,
que hasta el prefinido tiempo
que una belleza, a quien rondo
en los disfraces de amante
para las dichas de esposo,
merezca llamarla mía,
nadie me ha de ver el rostro;
en cuyo intermedio, a causa
de que nunca pude ocioso
estar, quise que mis hechos
—para llegar más airoso,
cuando a declararme llegue—,
mi fama hiciese notorios
a todo el orbe. Y así,
con los azules rebozos,
que a imitación son de nubes
cortinas de sacro solio,
mi valor, siempre invencible,
mi espíritu, siempre heroico,

de otra patria en que nací
me sacó, con tan piadoso,
noble y desinteresado
fin, que su pretexto es solo
buscar aventuras que
sean venturas para otros;
con que viendo ser mi empeño
sabio a un viso, altivo a otro,
Minerva, que de las Ciencias
deidad apellida el ocio,
me dio el cristalino escudo;
Mercurio, en los artes docto,
el templado acero; bien
pudiera decir que a logro,
que, más que dados, parece
que a victorias se los compro.
Dígalo vuestro Albedrío,
pues apenas su voz oigo,
cuando de la sugestión
acudí a darle socorro.
Y así, pues la gratitud
que me ofrece el generoso
afecto vuestro os estimo
—porque para mí no hay gozo
más que ver agradecidos—,
no atribuyáis a desdoro
no verme ahora; y ya que
con mis señas os informo
en humanas letras, haga
en las divinas lo proprio.
Las humanas dicen —bien
que en sentido fabuloso,

como sin luz de la fe—
que Júpiter, poderoso
dios de dioses, me engendró
concebido en lluvia de oro;
las divinas, que en rocío,
que cándido, puro, hermoso
vellón sin mancha cuajó,
hilada la nieve a copos.
Y así, mi nombre es en ambas,
con seguro de que, como
conmigo mismo y en mí
mismo por mí mismo obro,
y per se, en latino frase,
es el que obra por sí solo,
bien puedo asentar que, en fe
del per se, Perseo me nombro.
Y pues es el alto asumpto
de mis alientos briosos
hacer bien —a cuyo efecto,
a oposición de aquel monstruo
que undosos campos navega,
yo, en el blanco, generoso
caballo que vio Ezequiel,
azules campañas corro—,
no será el menor deciros,
¡oh bello prodigio hermoso!,
que si, de todos los frutos
de este jardín, monte y soto,
de alguno, que de mortal
cicuta, beleño y opio
inficionado está, no
os guardáis, será forzoso

morir muriendo; con que,
si agradecida al socorro
de ver libre al Albedrío
estáis, pagádmele en solo
no comer de aquella fruta;
advirtiéndoos que son todos
vuestros riesgos esos mares,
ese árbol y ese escollo.

(Vase.)

Andrómeda

¡Oye, aguarda! ¿Dónde vas?
Mira que no puedo, no,
al viento quitarle yo
las alas que tú le das.
Mucho que dudar me das,
viéndote, en acción tan rara,
la cara encubrir. Repara
en que el que hace el mal es quien
la esconde; que el que hace el bien,
¿por qué ha de esconder la cara?
No con tanta ligereza
huyas, que nunca fue indicio
la fuga del beneficio,
ni el susto de la fineza.
Vuelve, pues; no a mi tristeza
ocasiones a dudar;
no me des qué imaginar,
pues me das qué agradecer;
que no es hacerme un placer
dejarme con un pesar.
Más veloz que el mismo viento

vuela. En vano voces doy.

Albedrío

Con todo esto, aún yo me estoy
a las manzanas atento.

Andrómeda

Ciencia, tú, a mi sentimiento,
qué es morir me has de decir.

Ciencia

Dejar de ser.

Andrómeda

¿Y añadir
al morir «morir muriendo»?
¿Cómo he de morir no siendo,
si es dejar de ser morir?

Ciencia

Como en tu humana fortuna
hay, si del bien usas mal,
dos muertes: la natural
del cuerpo será la una;
la otra, del alma.

Andrómeda

¿Y ninguna
podré excusar?

Ciencia

Sí; y las dos.

Andrómeda

¿Cómo?

Ignociencia y Voluntad

Resignando en Dios,
advertida de la Ciencia,...

Voluntad ...mi voluntad.

Ignociencia ...mi ignociencia.

Albedrío ¿Cómo calláis, Gracia, vos?

Gracia Como, por mí, hablando vi
que están las Virtudes bellas;
y mientras la asistan ellas,
no llega su error a mí.

Andrómeda Decidme, pues, ¿cómo aquí,
ya que en vosotras me fío,
podré, entre logro y desvío,
distinguir el mal del bien?

Ciencia Esa distinción a quien
le toca es al saber mío,
pues me toca el proponer
y al Albedrío elegir.

Andrómeda ¿Qué haré para no morir?

Albedrío No llamar médicos; ser
alegre, comer, beber;
y para hacer ahora gana,
dígalo aquella manzana.

Andrómeda ¡Qué esmaltado rosicler!
¿No es bella, Elementos?

Tierra ¿No

ha de serlo, si yo he sido
el que, en la tierra prendido,
su tronco fertilizó?

Agua ¿No ha de serlo, cuando yo
bañé en cristal sus raíces?

Fuego ¿Y yo, cuando a sus matices
le dio el Sol el lucimiento?

Aire ¿Yo, cuando el aire el aliento?

Andrómeda Ya sé que todos felices
la formasteis, para que,
cuando mi Albedrío la viera,
a gustarla me moviera;
y así...

Ciencia ¡No hagas tal!

Andrómeda ¿Por qué?

Ciencia Porque aquesa fruta fue
la que vi que señaló
el que el riesgo te avisó
que entre las demás había.

Andrómeda La Tierra, madre fue mía
—en su Centro me engendró—
y nacida de su Centro,
¿por qué tengo de pensar
que contra mí ha de encerrar,

cuando tan bella la encuentro,
noscivo tósigo dentro?
Y para explicarme más,
que no me ofenda jamás,
tronco, volved vos por vos.

Medusa (Dentro.) Come y serás como Dios;
come y inmortal serás.

Andrómeda ¿Inmortal y Dios?

Unos ¡Advierte!

Otros ¡Mira!

Andrómeda Aquí no hay que mirar
ni advertir; yo he de llegar
a lograr tan alta suerte.

Ciencia ¿Y si es la voz de la muerte?

Albedrío ¿Qué muerte?

Ciencia La que anunció
el que el precepto la dio.

Andrómeda Albedrío, tú me guía.

Albedrío Ciencia Natural, desvía;
déjala pasar, que no
la Ciencia debe impedir

al Albedrío.

Ciencia
Sí debe,
cuando el Albedrío se mueve
sin Ciencia para advertir
el bien o el mal.

Andrómeda
Yo he de ir.

Ciencia
Será sin mí.

Aire
¡Ay de mí y de ella
si el Albedrío atropella
la Ciencia y mis plumas son
las que la dan la ambición!

Ciencia
Pues no basto a detenella,
si errare, sea en mi ausencia;
no vea yo su desvarío.

(Vase.)

Aire
Ya siguiendo al Albedrío,
no la aprovecha la Ciencia.

Albedrío
¿Qué pretendes, Ignociencia?

Ignociencia
No ver tu despeño yo.

Andrómeda ¡Quita!

(Vase Ignocencia.)

Fuego ¡Ay del fuego que dio
a su espíritu tal brío;
que, siguiendo al Albedrío,
tras la Ciencia, atropelló
a la Ignociencia!

Voluntad Pasar
no intentes.

Albedrío Advierte que
de lidiar los dos no sé,
Voluntad, haya ejemplar.

Voluntad Tú se la has querido dar,
apeteciendo su ruina,
cuando a su daño la inclina
tu error, vuelto en su delito
de Albedrío en Apetito,
contra voluntad divina.

Andrómeda Divina es también aquélla
que, haciendo inmortal mi fama,
a ser como Dios me llama.

Tierra ¡Ay de Elemento que a ella
dio el ser y la fruta bella!
¡Que de que es tierra la acuerde!

Albedrío
Desnuda su pompa verde.

Voluntad
A no verlo me desvío.

(Vase.)

Tierra
Ya, siguiendo su Albedrío,
la buena Voluntad pierde.

Gracia
Yo es bien que tu paso impida,
porque tu última desgracia
está en que pierdas la Gracia.

Andrómeda
¿Por qué he de verla perdida,
si a ganarla voy?

Albedrío
Olvida
sus amenazas.

Andrómeda
Sí haré.

Agua
¡Ay de mi cristal, que fue
el que la desvaneció!

Gracia
Mira no me ausente yo.

Andrómeda
Auséntate, que ya sé
que hay otra gracia sin ti;
pues al verme en tu cristal,
ni como Dios ni inmortal
me aplaudiste, y ésta sí.

Gracia ¡Teme, que quedas sin mí!

Andrómeda Sí, pero sin otra no.

Gracia ¡Ay, que otra no hay como yo!

(Vase.)

Andrómeda No por eso desconfío.

Agua Ya, siguiendo su Albedrío,
belleza y Gracia perdió.

Andrómeda Árbol que frutificó
mi mismo Centro, de ti
gustaré.

Albedrío ¡Toma!

Andrómeda ¡Ay de mí!
¿Quién vista y luz me quitó,
vida, alma y sentidos?

(Sale Medusa.)

Medusa Yo.

Andrómeda ¡Qué horrible aspecto!

Elementos ¡Qué fuerte
pasmo!

Andrómeda ¿Dónde, por no verte,
iré?

Elementos Nada te disculpa,
que viene tras ti la culpa,
y tras la culpa la muerte.

Andrómeda ¿La muerte y la culpa?

Medusa Sí.

Albedrío ¡Buena hacienda habemos hecho!

Medusa Sí, que enroscada a este tronco,
a fuer de serpiente, siendo
de mi crinada melena
un áspid cada cabello,
víbora con rostro humano,
de espera he estado, en acecho,
por si en el lazo caías
que estaba en sus redes puesto.
Lográronse mis astucias,
lográndose de Fineo
las ansias que le dictaron
amor y aborrecimiento.
Su delito y tu delito,
de un mismo parto nacieron;
y así, su pena y tu pena
tendrán un castigo mesmo.
Y pues el marino monstruo
los mares eriza —al tiempo
que yo, arrastrada culebra,

auxiliar suyo, estremezco
los montes, troncos y mares,
su pompa desvaneciendo—,
terremotos y tormentas
perturben el universo.
Infeliz vida te espera
al aire, al calor y al hielo,
bebiendo el agua del llanto
y el pan de dolor comiendo.
Conque, hasta aquella segunda
muerte del morir muriendo,
vivirás como yo vivo,
morirás como yo muero.

(Vase.)

Andrómeda ¡Ay, infelice de mí!

Agua ¡Quebró el cristal sus espejos!

Fuego ¡Apagó el fuego sus luces!

(Terremoto.)

Aire ¡Perdió el aire sus alientos!

Tierra ¡Gimió el centro de la tierra!

(Sale el Centro.)

[Centro] ¿Qué es esto, cielos, qué es esto,
que todo el mundo ha temblado,

como que a todo le han muerto?

Andrómeda ¿Qué han de ser? Desdichas mías.

Centro ¿Qué sientes?

Andrómeda No sé qué siento;
pero sé que siento un mal
que, sin matarme, me ha muerto.
¡No me mires, no me mires,
oh padre, que me avergüenzo
de verte y de que me veas!

Centro En tan mortales extremos,
llegad todos, llegad todos
a consolarla.

Fuego Lleguemos,
que al que peca y vive faltan
Virtudes, mas no Elementos.
No desconfíes, humana
beldad.

Andrómeda No te acerques, Fuego,
que con dos contradiciones
en un instante me has muerto.

Fuego ¿Dos contradiciones?

Andrómeda Sí;
pues, ciega, sin tu luz quedo,
y, de tu luz, abrasada.

¿Cómo, cielos, cómo, cielos,
si me ha faltado la luz,
no me ha faltado el incendio?
No abrases, pues que no alumbras.
¡Que me quemo! ¡Que me quemo
a la inclemencia del Sol,
oscuro y ardiente a un tiempo!

Aire ¿Qué te aflige cuando...?

Andrómeda Tú
me afliges de extremo a extremo,
de un dolor a otro dolor.
¡Detén, Aire, lisonjero
hasta aquí, furioso ya,
las ráfagas de tus vientos;
que, aterida de los fríos
notos, ábregos y cierzos
que respiras, me traspasas!
¡Que me hielo! ¡Que me hielo
a la inclemencia del Aire,
frío y destemplado a un tiempo!

Agua Espera en Dios.

Andrómeda Guarda tú,
encarcelado elemento,
el coto al margen y no
rompas el sagrado freno
que a raya te tiene; mira
que vas a inundar, soberbio,
toda la Naturaleza.

¡No tan presto, no tan presto
en húmedos obeliscos
sepultes al universo!
¡Que me ahogo! ¡Que me ahogo,
ya desde aquí padeciendo
las avenidas del mar,
preso y desatado a un tiempo!

Tierra ¡Ampárate de mí!

Andrómeda ¿Cómo
amparo he de hallar si, siendo
tu esfera el tálamo en que
de su limo y de su centro
nací al mundo, veo que ahora
de los materiales mesmos
que me labraste la cuna
me labras el monumento?
¡Oh, mal hubiesen tus flores
y tus frutas, pues el suelo
en que hallé frutas y flores,
abrojos y espinas siento,
ensangrentada la planta!
¡Que me muero! ¡Que me muero
a inclemencias de la tierra,
ingrata y fértil a un tiempo!
Todo, todo es contra mí;
y es verdad, pues aun los tiernos
cantos de las aves no
son ya anuncios, sino agüeros;
gorjeos, sino gemidos;
cláusulas, sino lamentos.

Los halagos de los brutos,
a mi obediencia sujetos,
ya son amenazas, todos
aguzando y previniendo
contra mí presas y garras.
¡Oh, quién no llegara a verlos
por no verlos tan airados!
Pero, ¡ay infeliz!, primero
que ellos en mí las empleen,
yo misma, más fiera que ellos,
las emplearé en mí, arrancando
con piadosa ira del pecho
pedazos del corazón.
Mas, ¡ay!, que aquéste no es medio
y mejor será acudir
a la piedad que al despecho.
¡Fuego, a tu luz!

Fuego

¿A qué luz,
si tú, ¡ay infeliz!, me has muerto?

Andrómeda

¡Aire, a tu aliento!

Aire

Si tú
me le has quitado, ¿a qué aliento?

Andrómeda

¡A tu cristal!

Agua

¿Qué cristal,
si tú has quebrado su espejo?

Andrómeda ¡Tierra!

Tierra A mí nada me digas.

Andrómeda ¿Centro suyo?

Centro Y a mí menos,
que todo el centro infestado
de tu culpa está.

Andrómeda ¿Qué es esto?
Si os acercáis es a herirme,
y a huir de mí si me acerco.

Todos Sí, que no somos vasallos
ya.

Andrómeda Pues ¿qué sois?

Todos Tus opuestos.

Andrómeda ¿Tú no me debes las luces?

Fuego Ni aun las sombras no te debo.

Andrómeda ¿Tú, el aliento?

Aire Si suspiras,
podrá ser que te dé aliento.

Andrómeda ¿El agua, tú?

Agua — Si la lloras.

Andrómeda — ¿Tú, el sustento?

Tierra — Si primero
le labras y le cultivas.

Andrómeda — ¿Para qué, para qué, cielos,
si me faltan las Virtudes,
me sobran los Elementos?
Pero, ya que aborrecida
de todos me miro, huyendo
de todos, a los jardines
de donde salí, siguiendo
los pasos de mi Albedrío,
me retiraré y...

(Sale Mercurio con sus insignias.)

Mercurio — Ni en ellos
has de entrar ni has de quedar,
que soy yo quien los defiendo.

Andrómeda — ¿Quién eres, alado joven,
que con espada de fuego,
blandido azote de Dios,
me amenazas?

Mercurio — De los ecos
de mi voz lo sabrás; pues
Cantado.) por que la oiga el orbe entero
la intimo a su Centro,

haciendo testigos
al Fuego, a la Tierra,
(Recitativo.) al Agua y al Viento.
Andrómeda desdichada,
y en triste punto nacida
debajo de las estrellas
que influyen mayor desdicha,
el gran Júpiter, de dioses
dios —cuya sabiduría,
árbitro de tierra y cielo,
no hay átomo en que no asista,
desde el más luciente rayo
que las sombras ilumina
hasta el que, menos luciente,
trémulas cóleras vibra—,
habiendo de su poder
reducido en ti la cifra,
sacándote de la tierra,
a que, reina suya, vivan
tributarias de tu imperio
las flores que la matizan,
árboles que la guarnecen,
fuentes que la fertilizan,
frutos que la lisonjean,
animales que la habitan,
peces que sus golfos sulcan,
aves que sus aires giran;
y habiendo tú abandonado
el riesgo de que te avisa
quien, para usar bien o mal,
el Albedrío te libra
—pues la Ciencia perturbada,

la Voluntad prevertida,
maliciada la Ignociencia
y, en fin, la Gracia perdida,
queriendo ser como Dios,
quedaste como tú misma—,
ha pronunciado sentencia,
a tanta culpa benigna;
que las piedades de Dios
tan benévolas castigan
que se quedan en piedades
sin que pasen a ser iras.
Mercurio soy, de las ciencias
dueño; ser querub lo diga,
si del talar y del ala
no lo han dicho las insignias,
con las de este caduceo,
cuyos áspides publican
el delicto. Y la sentencia,
vuelto espada de justicia,
ésta es: que, pues tierra y mar
ser cómplices participan,
a ese escollo, que de tierra
y mar punto es de ambas líneas,
atada con las cadenas
que de tu yerro fabricas,
seas al furor expuesta
de esas dos fieras noscivas,
que del mar y de la tierra,
monte y golfo atemorizan;
la una, cuando le estremece,
y la otra, cuando le riza;
para cuya ejecución,

que a ti y a todos se intima,
sal de estos jardines, deja
los palacios en que habitas.
Y pues aquesta sentencia,
según presente justicia,
a todos toca guardarla,
a todos toque el cumplirla,
siendo ya ley precisa
el que ella muera antes que todos vivan.

Andrómeda ¡Yo, sí! Como hablar no puedo,
pues del aliento me privan
mis ansias, el corazón,
ya que no pronuncie, gima.

Centro Andrómeda, yo no puedo
oponerme a las divinas
sentencias; el Centro soy
y temo que llegue el día
o que un diluvio me anegue
o que una llama me rinda;
y así, Andrómeda, el ministro
he de ser de tus desdichas.

Andrómeda ¡Padre, señor!

Elementos Esto es fuerza.

Centro Y en vano el que te resistas.
Ven donde la ruina nuestra

nos asegure tu ruina.

Andrómeda
Dejadme llorar siquiera
aquellos legales días
que, para último consuelo,
se han de otorgar a la hija
de Jepté; y con más razón,
pues a ella la dedica
su padre al cielo y el mío
a un monstruo me sacrifica.

Todos
A nosotros no nos toca
más que obedecer.

Andrómeda
Si os insta
la prisa de esa obediencia,
yo adelantaré la prisa,
por que no tenga la vuestra
más mérito que la mía;
y así, antes que a ser llegue
despojo de esa marina
bestia del mar, sabré ser
despojo yo de mí misma;
pues antes que a ocupar vaya
de aquel escollo la cima,
desde la de aqueste monte
veréis que me precipita
mi despecho; y no a su golfo,
por que aun caducas reliquias
mías no halle en sus espumas,
siendo en la tierra cenizas,
de quien los peñascos sean

urna, monumento y pira.

(Vase.)

Centro
Por que no se desespere,
¡seguidla todos, seguidla!

Todos
Vamos, pues sacrificada
al monstruo, ley es precisa
el que ella muera antes que todo viva.

(Vanse y salen Medusa y Perseo.)

Perseo y Medusa
Ley es precisa
el que ella muera antes que todo viva.

Medusa
Pues si ya alado ministro
la sentencia la publica...

Perseo
Si ya la ley está dada
y que es forzoso cumplirla...

Medusa
...¿qué aguardo que a ejecutarla
no voy, pues, cosa es sabida,
si la seguí como culpa,
que como muerte la siga?

Perseo
...¿qué espero que a dilatarla
no voy, ya que no a impedirla,
por que pueda a sus Virtudes

volverse restituida?

Medusa
Y así, iré en su seguimiento.

Perseo
No harás sin que yo lo impida,
dándola tiempo en que muera
de su culpa arrepentida.

Medusa
¿Quién eres, pues que impedir
muerte y culpa solicitas?

Perseo
Disfrazado amante soy,
que, sabiendo su desdicha,
repararla intenta.

Medusa
No
te conozco.

Perseo
No me admira
que no me conozcas, que
soy de patria tan distinta
que no ha entrado en ella culpa
ni muerte.

Medusa
Aquése es enigma
que no entiendo; un hombre veo,
por más que el velo te finja
peregrino en esta patria;
y lo que me maravilla
es que tú me veas a mí
sin que te mate mi vista;
que si la Naturaleza

y Elementos, algún día,
con las vidas se quedaron
cuando me vieron, sería
porque allí muerte del alma
fui y aquí soy de la vida.

Perseo

No podrás hasta que yo
la licencia te permita,
y aun entonces morirás
tú también.

Medusa

¿La muerte misma
podrá morir? ¿De qué suerte?

Perseo

Este escudo te lo diga.
Mírate en él y verás
que mueres si en él te miras.

Medusa

¿Qué horrible, qué temerosa,
qué abominable, qué impía
imagen es la que en ese
mágico cristal me pintas?

Perseo

¡Oh, qué proprio es de la Culpa
no conocerse a sí misma!
Mírate bien, que tú eres
la que en él te significas.

Medusa

¿Esta soy yo? ¡No me vea!
¡Quita de delante, quita,
que ésa más parece que es

la hidra, que yo!

Perseo
¿Qué más hidra
que la que tantas cabezas
encrinada crencha riza?
¡Vuelve a verte y lo verás!

Medusa
¡No me mates, no me aflijas,
que pensaré que ser puede
mi veneno mi homicida!

Perseo
Si eres víbora, ¿qué mucho?;
pues, cuando se ve afligida
la víbora, de su mismo
veneno el tósigo alivia,
arrojándole en las flores;
y si, arrastrada, las pisa,
viene a morir de su propria
emponzoñada saliva.

Medusa
Pues ya que he de morir de ella,
no el templado acero esgrimas;
pero..., esgrímele, que más
quiero morir de tu herida
que de mi vista; porque,
cuando con mi sangre tiña
las flores, de cada flor
nazca un áspid, que, ojeriza
de todo el orbe, no deje
estancia que no sea Libia.

Perseo
Áspid habrá que, exaltado
en el aire, con su vista,

a oposición de la tuya,
la vida dé a quien le mira.

Medusa

Antes que él a esa piedad
llegue, llegará mi envidia
a la gran Naturaleza,
de quien Andrómeda es cifra,
pues ya, alcanzada de todos,
hacia el escollo caminan
con ella a sacrificarla.
Funestos ecos lo digan
de destemplados acentos.

(Las cajas y trompetas roncas.)

Perseo

Por eso, también seguida,
bien que a lo lejos, de todas
las Virtudes va, movidas
del afecto de que haya
valor que a restituirla
vuelva a su Gracia.

Medusa

Primero
que la alcance esa noticia,
Fineo y yo habremos logrado,
él su saña y yo mis iras.

(Vase.)

Perseo

No habréis, que, primero, al filo
de esta acerada cuchilla
morirás tú, por más que

acelerada la prisa
de Virtudes y Elementos
en distintos coros digan...

(Vase.)

(Cajas y trompetas destempladas, y salen por una parte Centro y Elementos, y por otra las Virtudes, y Andrómedaen medio, cubierto el rostro con un velo negro, y los Músicos con instrumentos.)

Coro I

La que nace para ser
escándalo de sí misma,
sienta y sufra, llore y gima;
y conformada con que
donde hay culpa no hay desdicha,
sienta, sufra, llore y gima.

Coro II

La que nace para verse
de su culpa arrepentida,
fíe, espere, venza y viva;
y consolada con que,
si ella llora, Dios olvida,
fíe, espere, venza y viva.

Andrómeda
(Canta.)

Hijas de Sión,
llorad mis fatigas,
que al alba fallece
la flor de mis días.
Sol que apenas nace
fue la suerte mía,

cuando pardas nubes
su esplendor eclipsan;
aurora que apenas
riendo ilumina,
cuando el alba trueca
en llanto su risa;
flor que apenas rompe
el botón a listas,
cuando airado cierzo
su pompa marchita;
fuente que, del mar
naciendo a la orilla,
apenas da paso,
cuando da en su ruina;
y pues fuente y flor,
alba y Sol me imitan,
hijas de Sión,
llorad mis desdichas...

Coro I
La que nace para ser
escándalo de sí misma...

Andrómeda
...que al alba fallece
la flor de mis días.

Coro II
La que nace para verse
de su culpa arrepentida...

Andrómeda
...que al alba fallece
la flor de mis días.

Coro I
...y conformada con que

donde hay culpa no hay desdicha...

Andrómeda

...que al alba fallece
la flor de mis días.

Coro II

...y consolada con que,
si ella llora, Dios olvida...

Andrómeda

...que al alba fallece
la flor de mis días.

Coro I

...sienta, sufra, llore y gima.

Andrómeda

...que al alba fallece
la flor de mis días.

Coro II

...fíe, espere, venza y viva.

Centro

Aquí es donde has de quedar,
atada con las impías
cadenas que de tu yerro
tu albedrío te fabrica.

Elementos

Llega, ya que ser nos toca
ministros de la divina
justicia que te condena.

Andrómeda

Siendo divina justicia,
quitad, que yo, voluntaria,
la sacaré de precisa.

Ciencia — ¡Qué dolor!

Voluntad — ¡Qué sentimiento!

Ignociencia — ¡Qué lástima!

Gracia — ¡Qué desdicha!

Andrómeda — En lágrimas, los cristales,
Agua, le vuelve a tus ninfas;
Aire, tus plumas le vuelve
al viento, que las inspira;
tú, Fuego, da a tus hogueras
la roja púrpura rica;
y tú, vuélvele a la tierra
la infausta fruta nosciva;
que yo, desnuda de afectos
que mi ser desvanecían,
quedaré a morir, subiendo
hasta la eminente cima,
por si, descubriendo el mar,
ver la fiera me anticipa
la muerte, muriendo antes
que a su furor a su vista.

Centro — Retirémonos nosotros,
que no hay valor que reprima
el dolor.

Tierra — Pues por que no
quede tan sin compañía,
a lo lejos nuestras voces

en lo que puedan la asistan.

Ciencia

Ya que acercarnos nosotros
no podemos, sin que pida
ella a los cielos piedad,
estemos siempre a la mira,
hasta ver si nuestras voces
con sus auxilios la animan.

Andrómeda

Ya que, tan desamparada,
todos de mí se retiran,
dejándome sin el leve
consuelo de las desdichas,
viendo que en alguno sea
lástima la que fue envidia;
y ya que desde esta cumbre
solamente se divisan
cielos y mares, a mares
y cielos mis penas diga,
aunque por doblar mis ansias
(Cantado.) los ecos me las repitan...
¿Quién, cielos, me ha condenado?

Coro I

Tu pecado.

Andrómeda

¿Quién, a tan mísera suerte?

Coro I

La muerte.

Andrómeda

¿Quién, pues, a tanto rigor?

Coro I — Tu error.

Andrómeda — Luego, aunque fuera mayor
el castigo que me ordenan,
justamente me condenan...

Ella y Coro I — ...pecado, muerte y error.

Andrómeda — ¿Quién más mi delito indicia?

Coro I — Tu malicia.

Andrómeda — ¿Y a que fuese en esta estancia?

Coro I — Tu ignorancia.

Andrómeda — Y, en fin, ¿quién es quien me culpa?

Coro I — Tu culpa.

Andrómeda — Luego nada me disculpa,
puesto que hizo mi desgracia
de ignociencia, ciencia y gracia...

Ella y Coro I — ...malicia, ignorancia y culpa.

Andrómeda — ¿Nada en efecto me abona?

Coro II — Dios perdona.

Andrómeda — ¡Ay, que fue mi mancha brava!

Coro II — El llanto lava.

Andrómeda — Fue muy desigual mi culpa.

Coro II — Amor disculpa.

Andrómeda — Luego, aunque todo me culpa,
podréis, Andrómeda, vos
ser rescatada, pues Dios...

Ella y Coro II — ...perdona, lava y disculpa.

Andrómeda — Mas, ¿cómo a Dios hallaré?

Coro II — Con la fe.

Andrómeda — ¿Quién merecerá bien tanto?

Coro II — El llanto.

Andrómeda — ¿Y quién será en mi favor?

Coro II — Amor.

Andrómeda — ¡Misericordia, Señor!
Muera en tu gracia, pues muero,
y que me valgan espero...

Todos — ...la fe, el llanto y el amor.

Andrómeda — Y pues contrarias aquí
las músicas escuché
del cielo y tierra, ¿qué fue

todo lo que siento hoy?

Todos

Pecado, muerte y error,
malicia, ignorancia y culpa,
perdona, lava y disculpa
la fe, el llanto y el amor.

(Tempestad.)

Andrómeda

Y así, en esta confianza,
he de vivir y morir
este instante que me queda
de vida, pues ya —¡ay de mí!—
miro irritarse las ondas
de esa azul selva turquí,
que, siendo jardín de espumas,
es ya de llamas jardín.
Iras otra vez arroja,
reventando por parir
aquel vestiglo, que ya
huella campos de zafir.
¡Oh tú, embozado Perseo,
pues tu asumpto es discurrir
el orbe por hacer bien,
duélete, señor, de mí!

(El Demonio en el dragón.)

Demonio

Vivo bajel de las ondas
que yo abrasé y encendí,
pues de las tribulaciones
sulcas el mar —siendo en ti,
velas las alas, los pies

remos, proa la cerviz,
timón la cola y el pecho
buque—, quebrando el viril
en que, pirata del mar,
ya la presa descubrí
—pues eres bajel de fuego,
y tan de fuego que vi
que, para abrasar a otros,
primero empiezas por ti—,
aborda, aborda, y tus llamas
batan el rudo confín
de aquel escollo, llevando
al puerto de quien salí,
por despojos de la empresa
que pretendo conseguir,
robado al monte su mayo,
hurtado al valle su abril.

Andrómeda ¡Ya se acerca! ¡Piedad, cielos!

Demonio No, no tienes que acudir
al llanto; ¿puede haber ya
quien te dé socorro?

(Perseo sale en lo alto en un caballo.)

Perseo Sí,
que hay quien, por que viva ella,
sabrá exponerse a morir.

Demonio ¿Quién eres, que ya otra vez

en otra ocasión te vi?

Perseo

También dije en otra yo
que soy quien obra por sí.
El divino Perseo soy,
que hasta agora discurrí,
embozado, cuantos rumbos
mira el Sol —desde el cenit,
en cuya abrasada cuna
nace encendido rubí,
hasta donde, en urna helada
del contrapuesto nadir,
muere, pálido topacio—,
solo al generoso fin
de satisfacer agravios
de quien se vale de mí.
Vagando, pues, de una en otra
esfera, la voz oí
de Andrómeda bella, a cuyo
llanto me compadecí;
porque su hermosura amé
desde el punto que la vi
con tanto afecto, que yo
puedo con verdad decir
lo de vida y alma, pues
la alma y la vida la di.
A ponerla en libertad
vengo, y lo he de conseguir,
pues ya vencida la culpa
de esa Medusa, a quien di
la muerte...

Demonio
¿Muerta en Medusa
la culpa has dejado?

Perseo
Sí,
que, en llegándola a llorar,
llega la culpa a morir.

Demonio
Poco importa que a ella venzas
si no me has vencido a mí,
que soy la segunda muerte,
a quien el último fin
le dio el nombre de Fineo.
Embiste, pues, que si a ti
triunfante te vio Ezequiel
en ese caballo, a mí
triunfante también me vio,
no menos fuerte adalid,
Juan en este dragón.

Perseo
Pues,
¿qué aguardas para embestir?

Andrómeda
¡Cielos, virtud y pecado
batalla se dan por mí!

Demonio
¡Vuelve, vuelve a la batalla,
que en esta mística lid
o he de morir o vencer!

Perseo
Yo he de vencer y morir;
pues aun herido de muerte

te he de postrar.

Demonio ¿Cómo?

Perseo Así:
enarbolando esta lanza
contra tu vida.

Demonio ¡Ay de mí,
que a visos de ciento en ciento,
que a rayos de mil en mil,
deslumbrado a tanta luz,
me fuerza el temor a huir!
¡Viento, dadme vuestras alas!
¡Mares, vuestro abismo abrid!

(Vase.)

Perseo Ya, Andrómeda, libre estás;
que al que te venció, vencí.

Andrómeda A la lima de tu voz
y de tu acento al buril,
de mi prisión las cadenas,
rotas, me permiten ir
para arrojarme a tus plantas.

Perseo Si el socorro que te di
quieres pagarme, de esposa
palabra me da.

Andrómeda Una y mil,

no de esposa, mas de esclava
te doy; mas si en esta lid
herido de muerte estás,
¿cómo la podré cumplir?

Perseo

Como yo solo, a la misma
muerte, muriendo vencí.
Y así, pues muriendo puedo
vencer, triunfar y vivir,
prevente para las bodas,
que yo bajaré por ti
en otra forma a la tierra.

(Vase.)

Andrómeda

¡Mortales, venid, venid
a ver la mayor victoria
que ha podido repetir,
ni de los tiempos la voz
ni de la fama el clarín!
Centro, Elementos, Virtudes,
acudid, pues, acudid,
ya que a mi primero estado
me vuelve a restituir
quien pecado, culpa y muerte,
muriendo, venció por mí.

(Salen todos.)

Virtudes

A todas nos da los brazos.

Andrómeda

Una y mil veces feliz,

quien vuelve a cobraros.

Elementos
Todos
te volvemos a servir
y a obedecer.

Andrómeda
Pues los cielos
hacen fiesta al convertir
de un pecador, celebrad
su victoria; prevenid
bailes, músicas y fiestas,
y vamos a recibir
al esposo que me ha dado
vida y libertad; cubrid
de flores el suelo; haced
guirnaldas para ceñir
sus sienes, tejiendo en ellas
lirio, azucena y jazmín.

Centro
¿No nos dirás quién ha sido
este vencedor feliz
del monstruo del mar?

Andrómeda
Perseo.

Albedrío
¿Perseo no es el que a mí
me dio libertad? Pues tengo
hoy de pagárselo aquí
con cantar y con bailar.

Todos conmigo decid...

(Canta.)

(Redondo.) ¡Viva el divino Perseo,
viva el segundo David!

Todos ¡Viva sin fin!

Albedrío Pues mató en tierra y en mar
la fiera y el filistín.

Todos ¡Viva sin fin!

Albedrío Y ciñan su frente
los rayos de Ofir,
las flores de mayo
y las rosas de abril.

Todos ¡Viva sin fin!

Centro ¿Adónde, que no le vemos,
tu esposo está?

Andrómeda Proseguid
la música, que él vendrá,
pues que quedó de venir.

Albedrío ¡Viva el segundo Sansón,
que en la más sangrienta lid
venció al ciego gentilismo

y al idólatra gentil!

Todos ¡Viva sin fin!

(Vueltas.)

Centro Aún no se ve.

Andrómeda Su palabra
fuerza es que se ha de cumplir.
Yo con esta fe le llamo:
¿dónde estás, esposo?

(Ábrese un carro en que se verá un altar, y en él una custodia, con ángeles que la tengan; y Perseo, y al pie del altar Medusa y el Demonio a sus pies.)

Perseo Aquí,
que a las voces de la fe
me verás siempre acudir.
Aquestas especies, frutos
de la espiga y de la vid,
siendo mi carne y mi sangre,
son en los que he de vivir
contigo: antídoto de otro
que hizo tu estado infeliz.
Los despojos de la guerra
traigo conmigo; y ansí,
ante aqueste sacramento,
miráis postrar y rendir
pecado y muerte, ligados
con las cadenas que a ti

te quité.

Demonio ¿Qué mucho es
que yo esté rendido aquí,
si ante aquese sacramento
el más puro serafín
se postra también?

Medusa ¿Qué mucho
que esté triunfando de mí,
si soy la muerte, ese árbol
que es de la vida?

Perseo ¡Venid!

Andrómeda Venid todos, prosiguiendo
el religioso festín.

(Dos coros.)

Música y todos Viva sin fin
y coronen su frente
los rayos de Ofir
las flores de mayo
y las rosas de abril.

Centro Miel en boca del león.

Ciencia Jeroglífico feliz
de dulzura y fortaleza.

Gracia Cristal puro en Rafidín.

Voluntad
Rocío en cándida piel.

Ignociencia
Socorro de Abigail.

Agua
Agua endulzada en Amara.

Fuego
Rayo encendido en Setín.

Aire
Llovido maná en Horeb.

Tierra
Fértil palma en Efraín.

Albedrío
Pan que nunca se encarece,
aunque no llueva en abril.

Andrómeda
Todos ante ti se postran;
todos se rinden a ti.

(Eses.)

Todos
Viva sin fin
y coronen tus sienes
los rayos de Ofir.

Medusa
¿Esto consentís, rencores?

Demonio
Infiernos, ¿esto sufrís?

Perseo
Este es el manjar que yo
he de dar y prevenir
al banquete de mis bodas.

Albedrío
Pues demos al auto fin,

pidiendo perdón,
volviendo a decir…

Todos

Que viva sin fin
y coronen su frente
los rayos de Ofir.

Fin

Libros a la carta

A la carta es un servicio especializado para
empresas,
librerías,
bibliotecas,
editoriales
y centros de enseñanza;
y permite confeccionar libros que, por su formato y concepción, sirven a los propósitos más específicos de estas instituciones.

Las empresas nos encargan ediciones personalizadas para marketing editorial o para regalos institucionales. Y los interesados solicitan, a título personal, ediciones antiguas, o no disponibles en el mercado; y las acompañan con notas y comentarios críticos.

Las ediciones tienen como apoyo un libro de estilo con todo tipo de referencias sobre los criterios de tratamiento tipográfico aplicados a nuestros libros que puede ser consultado en Linkgua-ediciones.com.

Linkgua edita por encargo diferentes versiones de una misma obra con distintos tratamientos ortotipográficos (actualizaciones de carácter divulgativo de un clásico, o versiones estrictamente fieles a la edición original de referencia).

Este servicio de ediciones a la carta le permitirá, si usted se dedica a la enseñanza, tener una forma de hacer pública su interpretación de un texto y, sobre una versión digitalizada «base», usted podrá introducir interpretaciones del texto fuente. Es un tópico que los profesores denuncien en clase los desmanes de una edición, o vayan comentando errores de interpretación de un texto y esta es una solución útil a esa necesidad del mundo académico.

Asimismo publicamos de manera sistemática, en un mismo catálogo, tesis doctorales y actas de congresos académicos, que son distribuidas a través de nuestra Web.

El servicio de «libros a la carta» funciona de dos formas.

1. Tenemos un fondo de libros digitalizados que usted puede personalizar en tiradas de al menos cinco ejemplares. Estas personalizaciones pueden ser de todo tipo: añadir notas de clase para uso de un grupo de estudiantes, introducir logos corporativos para uso con fines de marketing empresarial, etc. etc.

2. Buscamos libros descatalogados de otras editoriales y los reeditamos en tiradas cortas a petición de un cliente.

Made in the USA
Las Vegas, NV
17 September 2026

8992b6c0-ddd8-4adb-88c9-7e804f7153c0R03